# O Instante de Você

## Luiz C. V. Martins

abajourbooks.com.br
São Paulo, 2015

# O Instante de Você

Copyright© Abajour Books 2015
Todos os direitos para a língua portuguesa reservados pela editora.
A Abajour Books é um selo da DVS Editora Ltda.

Nenhuma parte dessa publicação poderá ser reproduzida, guardada pelo sistema "retrieval" ou transmitida de qualquer modo ou por qualquer outro meio, seja este eletrônico, mecânico, de fotocópia, de gravação, ou outros, sem prévia autorização, por escrito, da editora.

**Produção Gráfica, Diagramação:** Spazio Publicidade e Propaganda

```
Dados Internacionais de Catalogação na Publicação (CIP)
       (Câmara Brasileira do Livro, SP, Brasil)

     Martins, Luiz C. V.
        O instante de você / Luiz C. V. Martins. --
     São Paulo : Abajour Books, 2015.

        ISBN 978-85-69250-03-6

        1. Poesia brasileira I. Título.

15-04873                                    CDD-869.91
          Índices para catálogo sistemático:
       1. Poesia : Literatura brasileira    869.91
```

# O Instante de Você

Luiz C. V. Martins

Este é um livro
sobre a liberdade do pensamento.
Mas não é só isso.
É também um livro
sobre um homem à procura de si.
E também sobre o amor e o amar.
Sobre a morte e o morrer.
Sobre a vida e o viver.

É, sobretudo, um livro sobre o eu
que vive em mim.

# O Instante

de Você

Me escuta.
O que eu quero falar?
Não é o que a minha boca diz.
É algo escondido no fundo.
Algo podre e proibido.
E o mais importante.

O Instante

Disputo uma corrida pela morte com meu pai.

Ele está na frente,

com alguns anos de vantagem.

Mas eu venho me esforçando para alcançá-lo.

Talvez eu até pegue um atalho.

Só pelo prazer de dizer a ele,

pelo menos uma vez:

Eu venci.

de Você

Tô com frio.

Tô com febre.

Tô nervoso.

Tô insone.

Tô saudoso.

Tô querendo te ver.

Você vem?

O Instante

Chegou a hora.

Gostaria que você já estivesse me esperando.

Mas sei que você não vai estar.

Sou eu quem sempre chega primeiro.

Sou eu quem sempre fica contando os minutos.

Pareço um tolo.

Ansioso pra te ver chegar.

de Você

Parece-me que esqueci.
Não me lembro de quê.
Estou sempre esquecendo o velho.
Das coisas que vivi.
E me lembrando do novo.
Que ainda não vi.

O Instante

Agora entendo por que você fugiu.
Agora entendo por que você se escondeu.
Agora percebo que havia muito a perder.
Agora percebo
que você já sabia disso há muito tempo.
De alguma forma, te subestimei.
Acreditei que seria muito fácil.
Acreditei que seria inevitável.
Mas agora sei que nada é infalível.
Agora sei que nada é exato.

de Você

Tive uma sensação
de que eu estava sendo observado.
Uma sensação de que minha presença
incomodava.
Meu comportamento estava sendo analisado.
Seria eu uma ameaça?
Talvez eles duvidassem.
Mas agora,
tenho certeza que eu ameaçava.

O Instante

Neste carnaval, não estaremos juntos.

Mais um carnaval que ficaremos separados.

Eu detesto o carnaval.

de Você

A mesma casa.

As mesmas pessoas.

Os mesmos esconderijos de baratas.

O mesmo desconforto.

As mesmas brincadeiras.

O mesmo cheiro.

As mesmas histórias.

Eu mudei e nada mudou.

O tempo passou.

O Instante

Tudo o que faço,
faço para tentar aliviar a ansiedade.
De quê?
Não sei.
Algumas vezes consigo.
Outras não.
Aí tomo remédio.

de Você

Alguns temas são recorrentes em minha vida.

Não há como escapar.

Apenas tento resolver.

Ou tento conviver.

Ou finjo que tento.

## O Instante

Minha vida aconteceu ao contrário.

Em vez de perseguir meu sonho

antes de me encontrar com a realidade,

trombei com a realidade

antes de conquistar meu sonho.

E a minha realidade era o medo.

Medo de não ter.

Medo de perder.

Medo de não prover.

E qualquer sonho que se preste

só pode ser vivido

quando se suprime a realidade.

de Você

Gosto de pensar em você.

Gosto de imaginar o que você pensa.

Gosto de tentar adivinhar

seus próximos movimentos.

Gosto de ser surpreendido.

Quando isto tudo acabar,

sentirei sua falta.

O Instante

Liberdade é poder ser um clipe
numa caixa de fósforos.

de Você

Não precisa explicação.
Entro em contradição.
E o que era verdade antes,
não é mais.
Recolho do chão
os restos da minha reputação.

O Instante

Meus diálogos,

eu travo com a alma.

Eu pergunto.

Ela responde.

Nem sempre são as respostas que eu espero.

Nem sempre são as que quero.

E me descubro em cada nova conversa.

de Você

Eu não tenho a pretensão de ser um alguém.
Eu queria ser apenas um eu.

## O Instante

Hoje, quem usa os óculos escuros sou eu.
Hoje, quem usa um escudo para a alma sou eu.
Não ficarei vulnerável
aos seus ataques e seduções.
Hoje, quem ataca e seduz sou eu.

de Você

Me dirigia ao presídio
com a intenção de encontrar meu irmão.
Fazia anos que eu não o via.
Desde que ele havia sido preso.
Resolvi retomar o pouco
que restava de nossa relação.
Afinal de contas, é meu irmão.
No caminho,
o pneu do carro furou.
Acabei não indo visitá-lo.

O Instante

Fui até o bar para celebrar

o meu fracasso emocional.

O que pode ser melhor

para um fracassado emocional

do que uma bebida?

Um porre.

E foi o que fiz.

Bebi até cair.

de Você

Essas sensações incompletas.
Esses pequenos fragmentos de vida.
Essas peças que faltam.
Essas perguntas sem respostas.
Essa obrigação de ter que viver com tudo isso.

O Instante

Hoje você me matou.

Um tiro certeiro, direto no coração.

Mas não morri sem antes olhar pro seu rosto.

Nunca mais vou te esquecer.

de Você

Eu tenho uma outra vida.
Uma vida padrão.
Uma vida de acordar, trabalhar e dormir.
Uma vida igual a sua.
Mas esta aqui
é a única que vale a pena de ser vivida.

O Instante

Lembranças não são suficientes.
Preciso ter você aqui comigo agora.

de Você

Não conheço as armadilhas,
mas gosto do perigo.
Mesmo que eu morra.

O Instante

Viver o que está escrito.
Nada interessante é construído.
Nada novo é transmitido.
Nada é ameaçado.
Ninguém é ameaçado.

de Você

Estou doente.
Mas ainda não sei que estou.
Porque sou um herói.
Todos me têm como herói.
E ainda assim alguma coisa está errada.
Porque a doença não é só minha.
A doença é da humanidade.

O Instante

Imponha.

Exija.

Pelo dinheiro.

Por proteção.

Sacrifique o futuro.

Estrague tudo.

de Você

Jogue todos esses anos no lixo.
Viva uma vida que não é sua.

O Instante

Repetir.

Aprender.

Fazer.

Repetir tudo de novo.

Até morrer.

de Você

Quero pertencer à minoria.
Porque a maioria
está sempre sendo manipulada.

O Instante

Eu não quero aprender pra fazer igual.

Pra ser igual.

Pra me transformar num manual de procedimentos.

Pra virar óleo lubrificante.

Eu quero aprender pra poder errar.

Pra ser diferente.

Pra fazer diferente.

Pra desafiar.

Será possível me aceitar?

de Você

Pra que negar a existência dos fatos?
Esconder de quem?
Quem você pensa que protege com isso?
Talvez os segredos que se criam
façam parte do seu jogo.
Talvez você precise dos segredos pra viver.
Talvez você precise de ajuda.

## O Instante

O erro de uns é sacrificar o presente
por um futuro incerto.
O de outros, sacrificar o futuro
pelo presente certo.
Lambuzam-se na lama
procurando motivos para defender suas ideias.
Acusam-se.
Nem se preocupam em olhar o espelho.
Comprometem presente e futuro.
E sujam o passado de lama.

de Você

Sigo com meus pés descalços.
Sinto o chão.
Toda a energia que roubo da terra.
Toda a energia que a humanidade me suga.
Recarrego.
Me preparo pro choque.
Descarrego.

O Instante

Itens que não podem faltar na jornada:
a. pensamentos que já foram pensados.
b. perguntas que já foram feitas.
c. sofrimentos sem solução.
d. escova de dentes.

de Você

Nós somos feitos de desencontros.

## O Instante

Paro de pensar.

Paro de refletir.

Delego a responsabilidade pra outros.

Que também não refletem.

São refletidos.

E me torno apenas uma imagem de mim mesmo.

Apenas um reflexo de quem eu poderia ser.

Um reflexo distorcido pela preguiça de pensar.

E então é tarde demais.

de Você

Quem são meus amigos?
Não sei.
Não os conheço.
Eles têm suas vidas.
Eles fingem suas escolhas.
Eles estão perdidos.
Eu também.

## O Instante

Sei que não há resposta.

Tento aliviar a dor.

Convivo com o sofrimento.

Respiro,

sinto.

Não há lógica, razão ou sentido.

Preciso aprender a viver neste caos.

de Você

Esperar o dia passar é agonizante.

Não há nada pra fazer.

Com sorte vou te ver no fim do dia.

Se você vier.

Se você não se esconder.

Se eu não morrer.

O Instante

Sou uma peça do quebra-cabeça.

Mas não encaixo.

E o quebra-cabeça

ficará eternamente incompleto.

de Você

A dor no peito voltou.

Não sei se vou suportá-la sem chorar.

Não sei se vou parar de chorar.

Mas não é tristeza.

É querer algo que não posso ter.

É querer viver o que não posso ser.

É querer fugir sem precisar sumir.

O Instante

Mergulho num lago profundo.

Não fico na superfície onde a vida acontece.

Vou pro fundo.

É lá que me sinto bem.

Isolado.

É lá que a minha vida acontece.

de Você

Não tenho pátria.
Nasci num lugar,
mas poderia ter sido noutro.
Não foi razão.
Nem coração.
Foi o acaso.

O Instante

O orgulho é o carrasco dos idiotas.

de Você

Você tenta me confundir.

Usa impropriamente as minhas palavras como se fossem armas.

Me agride silenciosamente.

Manipula a verdade.

Me destrói.

E convence sua plateia de que é vitoriosa.

Mas sua vitória é suja.

Sua vitória é fugaz.

Porque se eu perco, você se perde.

## O Instante

Hoje sofrerei.

Hoje me prenderei em divagações.

Hoje me perderei em contradições.

Hoje me angustiarei entre escolhas impossíveis.

Hoje chorarei.

Tudo isso logo mais.

de Você

Não poderia ser de outro jeito.

Eu não poderia existir de outra maneira.

Eu sou assim.

Eu penso assim.

Em fragmentos.

Em pedaços.

Como meu coração.

## O Instante

Esta é a hora mais esperada.

A hora em que minha ansiedade aumenta.

Que minha imaginação se solta.

Que minha vida acontece.

Que você existe.

Esta é a hora que eu choro.

de Você

Será permitida a entrada de piratas,
desde que estejam fantasiados.

Mas não será permitida a entrada
se estiverem fantasiados de pirata.

O Instante

De longe.

Esse teu sorriso me mata aos poucos.

É como se tirassem um pedaço do meu peito.

Dói.

Queria poder estar do seu lado.

Bem perto.

Pra ver todos os seus sorrisos.

Sem dor.

de Você

Sinto a pressão aumentar.

Uma força que aperta meu peito.

Toda essa pressão.

Preciso de ar.

Preciso gritar.

Mas entupo.

Bloqueio.

Até explodir.

Destruo.

O Instante

Me corrói.
Meu peito explode.
Não penso.
Maldita a hora em que vi o seu rosto.

de Você

Confundo liberdade com poder.
Confundo valor com dinheiro.
Afundo.

O Instante

A parte mais triste da morte
é a vida que continua.

de Você

Tomiko apresentou

o relatório financeiro da empresa.

Estamos fodidos.

O Instante

Me curvo em posição fetal.
Sinto falta de carinho.
Eu sou uma vítima deste mundo ingrato.
Fico assim por um instante.
Curvado.
Quieto.
O carinho não vem.
A ingratidão permanece.
Espero que algum dia isso passe.

de Você

O que você quer?

Te decifro.

Sua cabeça é um labirinto.

Adoro me perder

tentando encontrar a saída.

Eu sei: não há saída.

O Instante

Eu e os planos frustrados.
Eu e a irritação.
Eu e a teimosia.
Eu e as alternativas esquecidas.
Eu e os caminhos impossíveis.
Eu e a vontade de ir embora.

de Você

Sua vingança é a indiferença.

Sua melhor vingança.

Não destrói.

Me provoca.

Me enlouquece.

Me arrependo.

O Instante

Há um vazio que não pode ser preenchido.
E mesmo que você partisse o vazio ficaria.

de Você

Me disseram que penso demais.

Me disseram para pensar menos.

Me disseram para pensar melhor.

Me disseram para relaxar.

Me disseram para não me preocupar.

Me disseram que o stress pode me matar.

Me disseram muita merda.

O Instante

Abdico da minha preparação para o que me aguarda.

Venha como vier, improvisarei.

Excitarei.

Emocionarei.

Desistirei.

Apaixonarei.

Resistirei.

Até me encontrar sem saída.

Até que o futuro revele seu verdadeiro propósito.

Até que o futuro revele onde escondeu minha morte.

de Você

Aí você some.

Não diz nada.

E nem pra onde vai.

Aí eu penso em você.

Tento adivinhar.

Não sei.

Aí espero você chegar.

O Instante

Não te quero previsível.

de Você

Achei que você viria me ver.
Eu queria te ver.
Mas você não veio.

O Instante

Ontem fiz um novo caminho.
Um caminho que sai do mesmo lugar
de onde eu estava.
E que chega no mesmo lugar de sempre.
Vi coisas novas.
Veio a inspiração.
Alimentou meus sonhos.
Hoje farei o novo caminho de novo,
na vã esperança
de que a inspiração se repita.

de Você

Danem-se os outros.

Para mim basta apenas uma.

## O Instante

Inspiro.

Quando crio, eu sou.

Quando me emociono, eu sou.

Quando sinto sua presença, eu sou.

Quando percebo minha importância, eu sou.

Expiro.

Eu existo quando você me vê.

Eu existo quando você me entende.

Eu existo quando você me beija.

Eu existo quando você se importa.

Respiro.

de Você

John dança pelado num museu.

Owens ganha dinheiro no mercado financeiro.

Amanda faz sexo.

Outros escrevem, dançam ou pintam.

E eu?

## O Instante

Imagino que você esteja preparando
algo grandioso pra nós.
Algo que jamais será esquecido.
Algo que me fará feliz.
Algo que me surpreenderá.
Algo que me libertará desta vida monótona.
Mas é só minha imaginação.

de Você

Seria uma grande decepção
se eu achasse que você pensa
em grandes saídas para os problemas da vida
e você estivesse apenas preocupada
com a cor do seu cabelo.
Prefiro ficar sem saber.

## O Instante

Se te maltratei algumas vezes, me perdoe.

Se não te respeitei, me desculpe.

Muitas vezes não me contive,

a emoção foi mais forte.

Antes, eu te achava meio impróprio.

Não durante a noite, quando sempre te quis bem.

Mas durante o dia você chegava sorrateiro

e isso, muitas vezes, era constrangedor.

Tua presença me dava a impressão de algo vazio.

Mas hoje sei que não é isso.

Hoje te admiro muito.

Aprendi a gostar do teu jeito sutil

de me mostrar a verdade.

Aprendi a gostar do teu jeito calado

de me expor aos sentimentos.

&lt;Silêncio&gt;

de Você

Benni O'Bryant.

Carpinteiro.

Enquanto parafusava

as vigas de sustentação do telhado,

o mundo caiu sobre sua cabeça.

O Instante

Isto não é sobre o que eu quero.
Isto é sobre o que você quer.
O que me interessa,
não me interessa tanto
quanto o que te interessa.

de Você

A luz acesa esconde

o que o escuro poderia me mostrar.

Eu.

O Instante

Adoro quando o mundo tenta me dizer coisas
através de pequenos sinais.
Tento adivinhar o que querem dizer.
Sou incapaz de ter certeza.
Imagino que possam ser
meus sonhos se realizando.

de Você

Dinheiro é uma doença temporária.

O Instante

Tive o instante de você.

O instante que vale o dia vivido.

O instante que vale a vida por viver.

de Você

Linda.

Bronzeada.

Inquieta.

Atenta.

E eu, cansado demais pra te ouvir.

Ficamos pra depois.

O Instante

Eu me apaixono quando você se move.

Seu ritmo.

Sua decisão em cada passo.

E seu olhar imprevisível.

de Você

Comemorei a morte de um inimigo.

Espero que meus inimigos comemorem a minha.

O Instante

Não quero mais te ver.
Se te vejo, te desejo.

de Você

Hoje não escapo da chuva.
Ela ameaça há alguns dias.
Mas eram ameaças vazias.
Hoje não escapo.
Talvez chova o suficiente
para esconder as minhas lágrimas.

O Instante

Eu poderia te amar.
Eu poderia te cuidar.
Eu poderia existir com você.
Mas não vou.

de Você

Sozinho num quarto escuro.
Vejo as sombras vazias da noite.
Me sinto só.
Na escuridão não existo.
Na escuridão eu sou.
O medo do escuro é o medo de mim.
O medo de ficar sozinho pra sempre.
O medo de ser, sem existir.

# O Instante

Sou complexo.

A vida é complexa.

Não te entendo.

Não me compreendo.

Faço coisas que não pretendia fazer.

Pretendia fazer coisas que não faço.

Não é tão simples assim.

É complexo.

de Você

O operador manipula os dados.

Ele quer salvar seu emprego.

Precisa alimentar sua filha.

O operador segue ordens.

Não pensa no ato.

Pensa na filha.

O operador leva a culpa.

A ordem causa desordem.

Seu ato causa injustiça.

O operador não assume a culpa.

Sente-se uma vítima de sua própria ignorância.

O operador somos nós.

O Instante

Te quero.
Morta.

de Você

Sou dependente de estruturas arcaicas.

Sou dependente de serviços precários.

Sou dependente de vícios antigos.

Sou dependente de crenças que não compreendo.

Preciso urgentemente de um detox.

O Instante

Nada deveria ser inegociável.

Ninguém deveria ser irredutível.

Para tudo deveria haver uma saída digna.

Para tudo deveria existir

uma esperança de solução.

Mas vencer é mais gostoso.

de Você

Caminho pela rua sem destino certo.

Você se aproxima.

Vem no sentido contrário.

Nossos olhares se cruzam.

Difícil não notar o brilho dos seus olhos.

Um leve sorriso escapa da sua boca.

Um sorriso que faz com que eu perceba

que estou caminhando na direção errada.

Eu deveria estar caminhando ao seu lado.

## O Instante

Olho para o espelho.

Tento me reconhecer.

Saber quem sou.

Procuro alguém feliz.

Ou até mesmo um simples sorriso.

Não encontro.

Todos os dias,

o espelho insiste em mostrar a verdade.

Um rosto que não se reconhece.

Odeio a verdade.

Amanhã tentarei novamente.

de Você

Do outro lado da rua

havia um parque de diversões.

Pensei em comer pipoca e algodão-doce.

Fui.

As luzes que piscavam me arrancaram um sorriso.

As felicidades das outras pessoas, não.

Uma cigana quis ler minha mão.

Me disse que eu andava triste, sem rumo.

Olhei em volta as felicidades das outras pessoas.

Não consegui acreditar

que pudessem ser verdadeiras.

As felicidades são artificiais

nos parques de diversões.

Ela me disse que poderia prever meu futuro.

E eu pensei que a coisa mais triste

que poderia acontecer na minha vida

seria saber como será o futuro.

O Instante

Deixo pegadas no caminho.
Não sei bem aonde vou.
Mas tenho a esperança que as pegadas
me ajudem a encontrar meu destino.

de Você

Descontinuo.

Começo outra vez.

Em outro lugar.

Com outra pessoa.

E continuo o mesmo.

O Instante

O que eu queria já não se esconde.
E não preciso mais de você
para me ajudar a encontrar.
Agora só escondo você.

de Você

Seu rosto, envelhecido pelo tempo.
Sua beleza vive apenas na minha memória.
Me apego ao seu jeito de andar.
Que desde o começo é o que me fez sonhar.

## O Instante

Espero.

Paciente.

No meu lugar.

De onde posso te ver dançar.

de Você

Imagino se alguém virá do céu para me salvar.

Como um messias enviado

para cumprir a profecia.

Mas não é o que eu gostaria.

Eu gostaria que quem me salvasse

fosse aqui da Terra.

Gostaria que fosse uma mulher

que eu não me cansasse de olhar.

Gostaria que ela me compreendesse.

Gostaria de abraçá-la.

Se ela me salvasse, eu a protegeria.

Eu a possuiria.

## O Instante

Eu estava só

e vi as luzes da cidade pela janela.

Percebi que o que mais dói não é estar sozinho.

O que mais dói

é a vida que acontece quando eu não estou.

de Você

E aqui estava eu, trancado num quarto escuro.

Com medo do escuro.

Com medo de quem eu era.

Lá fora, eu me diluía numa sociedade vazia.

Aqui dentro, tenho que lidar com quem sou.

Com meus demônios querendo aparecer.

Porque nunca aceitei

ser condicionado para esquecê-los.

E agora, no quarto escuro,

pago o preço da minha ousadia.

Escuto todos rirem do lado de fora.

Escuto todos debocharem do meu medo:

"O medo só existe porque você não aceita."

E eu não aceito para que o medo exista.

Este medo é o que me faz ser eu.

Tolos.

O Instante

Don Jarvis vivia num hospital psiquiátrico.

Um dia, leu um bilhete encontrado numa garrafa

que fora jogada ao mar:

"Quando a incompreensão sobre mim mesmo

chegar ao limite, me matarei."

E chorou.

de Você

Estou pronto pra morrer.

A morte completaria o ciclo.

Mas deixaria minha vida eternamente incompleta.

Como todas as vidas serão.

O Instante

A chuva chegou para me perdoar.
A chuva que esconde meus medos e anseios.
E lava a cidade cinza e suja
como minha alma.

de Você

Dói saber que sou assim.

Um indivíduo incompatível com meus desejos.

Vivendo para me contradizer.

Para me descobrir num beco sem saída.

Para me desmentir.

Para encontrar verdades

onde não imaginava haver.

Não há mais como me esconder.

O Instante

Eu estava atolado na lama.

Eu tinha uma arma nas mãos.

Eu deveria matar o inimigo.

Eu estava longe.

Eu estava prestes a morrer.

Eu lembrei de você.

Seu rosto me fez sentir em casa.

de Você

Nossa vida, como seria?

Só posso imaginá-la.

Ou abandonar tudo.

Arriscá-la.

E vivê-la.

O Instante

Hoje dói de novo.

Dói porque o inevitável está para acontecer.

Mas ainda não aconteceu.

de Você

Somos iguais em nossas necessidades.
Somos diferentes em nossos desejos.

O Instante

Não é vazio.
É infinito.

de Você

A fuga do inevitável

talvez apenas torne o caminho

mais longo e doloroso.

Ou, quem sabe, mais emocionante e perigoso.

O Instante

É sempre você.

Sua vida misteriosa.

Seus caminhos.

As pequenas escolhas do seu olhar.

de Você

Existe o inevitável?

O inevitável é apenas

um escravo do instante,

aguardando para acontecer

em um momento mais oportuno?

Se existe,

nunca escaparei do meu destino,

essa força que me obrigará

a aprender a viver e morrer.

# O Instante

Os sonhos se escondem no escuro.

Tem medo que a luz os exponha ao fracasso.

O escuro é o único lugar onde sentem-se livres.

Por isso eu sonho escondido

na escuridão da noite.

de Você

Carrego comigo apenas os restos
de um eu despedaçado.

## O Instante

Não tive coragem de te conhecer.

Você poderia estragar tudo.

Ou não.

Mas seria melhor te ter longe.

Seria mais seguro.

Intacta.

Apenas como um símbolo do meu resgate.

Seu olhar como uma boia num mar violento.

A salvação.

A vida.

O ar.

Eu te via,

e então pude respirar.

de Você

Há uma certa comoção na chegada dos visitantes.

Trazem o desconforto do desconhecido.

Trazem a arrogância do invasor.

Trazem a ganância e a esperança

como se fossem metades de um mesmo objeto.

Espero que encontrem o que vieram procurar.

O Instante

Meros mortais comendo sanduíches de mortadela.

Todos iguais, querendo ser diferentes.

de Você

O dia que me espera

abriga o meu pior inimigo.

Viverei os minutos e os segundos,

um após o outro,

esperando o tempo passar.

Até que a noite chegue

para que eu possa voltar a sonhar.

O Instante

Agora, enquanto novo,

tudo parece lindo e sedutor.

Mais tarde, tudo será velho e cansado.

E então será hora de partir.

de Você

Meu caminho é solitário e triste.

Existem apenas pedras soltas e sem vida.

Não há espaço para flores.

## O Instante

Não vejo ninguém.

Não encontro ninguém.

Não há ninguém.

Ninguém que valha a pena.

Estou só.

Continuo só.

Como sempre fui.

de Você

Me apaixonei por você
apenas porque eu queria viver.
Agora que estou vivo,
não preciso mais de você.

O Instante

O formador e o deformador.
O formador é o deformador.
O formador forma a dor?

de Você

Ódio e incompreensão.
A incompreensão do ódio.
O ódio da incompreensão.
Odeio o que não compreendo.
Alguém me compreende?

## O Instante

Ele sentia-se traído.
Tudo o que criou lhe fora roubado.
O casamento.
O emprego.
A vida que ele havia escolhido.
Desesperado, dirigiu-se até a ponte
onde tentaria o suicídio.
Enquanto caía em direção ao rio gelado,
ocorreu-lhe uma ideia:
"Para ser livre
é preciso libertar-me de minhas criações."
E sentiu-se livre.

de Você

A distância que nos separa te torna perfeita.

O Instante

Não sou dono dos meus movimentos.

Não sou dono dos meus pensamentos.

Minha vida permanece contida, disfarçada.

Escondida de sua verdadeira vontade.

de Você

Sou dependente de frágeis conexões invisíveis.

De sensações, de movimentos e posições.

De suposições e constatações.

De fantasias e jogos.

De nunca poder vencer sem sofrer.

O Instante

Na plataforma da estação,
te tirei pra dançar.
Pra olhar teus movimentos.
Pra te sentir respirar.
Dançamos um jogo de aproximação e fuga.
De coincidências e desencontros.
Uma dança etérea.
Enquanto uns partiam, outros chegavam.
Eu e você permanecíamos.
Partimos juntos no último vagão do último trem.

de Você

Toda verdade

tem data de validade.

O Instante

Por favor,
não me deixe pensar que sou suficiente.

de Você

Baseei minha vida

em premissas que não são eternas.

E repentinamente sou forçado

a buscar novas verdades.

Transportado ao início contra a vontade.

Recomeço.

O Instante

Esta cidade que me consome,

é a mesma que me alimenta.

A cada passo dado em direção ao vazio violento,

me surpreendo,

me inspiro.

Tão contraditória em si mesma,

esta cidade sou eu.

de Você

O pastor olhou para o gado,
contou as cabeças e pensou:
"Preciso de mais ovelhas para o rebanho."
Resolveu fazer um anúncio na televisão.

O Instante

Prometo aceitar as inevitáveis frustrações.
Prometo celebrar minhas conquistas.
Prometo não desistir dos meus sonhos.
Prometo continuar me enganando.

de Você

Ele era ateu

e possuia a independência da vontade.

Ela era religiosa

e não tinha o vazio da descontinuidade.

E viveram felizes para sempre.

O Instante

Acordo.

Acordar é matar o sonho

para transformá-lo em desejo.

Acordar é ter que enfrentar

a dura realidade dos desejos reprimidos.

Não vejo a hora de voltar a dormir.

de Você

Seus olhos borrados de negro
confundem a direção do seu olhar
e disfarçam suas intenções.
As minhas, não consigo disfarçar.

O Instante

Se há de acontecer algo, que seja pelo olhar.
E então caí ferido
implorando por um golpe fatal.
Me mate, mas nunca me olhe assim novamente.

de Você

Andar por tuas ruas

é como ser o sangue que corre em tuas veias.

É como ter teu sangue correndo em minhas veias.

Esgotamo-nos um ao outro.

Consumimo-nos.

# O Instante

Apesar de ser agnóstico,

eu gostava de ir à igreja.

Me agradava a imponência

do espaço vazio e frio,

ornamentado com arte e ouro.

A amplitude espacial me despertava

para minha insignificância momentânea,

e assim que eu saísse,

sabia que me sentiria gigante e poderoso.

Um dia, enquanto eu apreciava

o peso do vazio entre as missas,

uma senhora me tomou por confidente.

Antes que ela começasse a falar, eu disse:

"O que ocorre por necessidade

não precisa explicação.

Entretanto, não é isento de responsabilidade."

E ela saiu caminhando aliviada.

de Você

É mais fácil matar
um homem com medo ou nervoso
do que um que está tranquilo e em paz.
Aqueles que mostraram calma e serenidade
na hora em que eu deveria puxar o gatilho,
não tive coragem de matar.

O Instante

Imponha suas leis imorais

para que eu seja forçado

a fazer o que não quero.

Me obrigue.

Me aprisione.

Definharei sob seus cuidados,

mas jamais me submeterei

aos teus tortos valores.

de Você

Estava escrito:
"O seu verdadeiro teste
não é o que você faz
para se proteger dos acontecimentos da vida.
O seu verdadeiro teste
é como você reage a eles."
Mas eu não li.

## O Instante

Ele tinha um comportamento
disciplinado e correto.
Ele esperava que isso lhe proporcionasse
uma vida livre de sofrimentos.
Mas não foi o que aconteceu.
Ele sofreu.
Como sofreram todos os outros.
E sofreu mais por achar-se injustiçado.
"Que Deus é esse que exige tanto de mim?"
Sofria em silêncio,
pois guardava a esperança
que teria um além da vida no paraíso.
Ficou velho.
Morreu.

de Você

Sento num banco de praça

e espero a vida passar.

Ou espero você passar.

Porque te ver passar

vale qualquer tempo

que eu tenha que esperar.

O Instante

Guarde o segredo

e a culpa que o acompanha.

de Você

O tempo gesta.

O tempo ensina.

O tempo perdoa.

O tempo castiga.

O tempo aceita.

O tempo mata.

Tudo ao mesmo tempo.

O tempo é Deus.

## O Instante

Não tenho escolha.

Minha liberdade não me pertence.

Sacrifico minha vida pelo erro cometido.

Não há mais nada a fazer.

O passado não pode mais ser salvo.

O tempo se foi.

Só me resta carregar comigo

essa dor da culpa que me corrói.

de Você

A saudade me acolhe quando estou longe,
quando estou só.
Facínora que sou,
resolvi matá-la.

O Instante

A beleza do incompleto.

Do imperfeito.

Do imprevisto improviso.

Da coincidência inesperada.

Da vida que é incompleta sem você.

de Você

Sou um pensador solitário.

Construo minhas próprias fantasias.

A realidade, eu mesmo destruo.

Remonto tudo novamente

na minha mente.

Do meu jeito.

Numa tentativa desesperada

de tornar a vida mais suportável.

O Instante

Como se não houvesse mais nada a fazer.

Como se eu não soubesse o que fazer.

Como se fosse mais fácil viver.

Aguardo, pacientemente,

a inevitabilidade dos acontecimentos.

de Você

Te encontro deitada com os pulsos cortados.

Inconsciente.

Tento conter o sangue que escorre ainda quente.

Te aperto com força.

Envolvo meus lábios em tua boca.

Encho teu peito ansioso de ar.

Sinto o gosto das lágrimas.

Não sei se te salvarei te trazendo de volta

ou se te salvarei te deixando morrer.

## O Instante

Ela me disse que não teme a morte.

A morte completa a vida.

A morte a torna valiosa.

A morte a torna sensível.

A morte a torna viva.

de Você

Para os olhos de fora, tudo parecia certo.

Para meus olhos cansados, não.

Eu precisava fugir desta prisão.

O Instante

Estas foram as nossas escolhas.
O que nos trouxe até aqui.
Para onde vamos,
ainda podemos escolher.

de Você

Só os mortos estão livres.

Mas seus legados

permanecem escravizando seus sucessores.

O Instante

Eu preciso muito de uma parte sua.
Aquela que me seduz com beleza e mistério.

de Você

A jornada da incompreensão
rumo a uma tentativa de entendimento
é a única coisa que realmente importa.
Porque o entendimento completo
não é possível.

O Instante

Um homem não será totalmente livre
se tiver fé.
Mas também não será totalmente livre
se estiver vivo.

de Você

Caminho de bar em bar,

cambaleante,

hesitante,

procurando desesperadamente alguém pra me salvar.

Tudo isto é muito mais do que eu posso suportar.

Se minha morte é inevitável,

talvez o meu destino também seja.

O Instante

Não há pensamento preciso
que sobreviva ao envelhecimento.
É no tempo que vive
a imprecisão do meu pensamento.

de Você

Nos encontramos numa cama.

Despidos.

Íntimos na relação de nossos corpos.

Desconhecidos na intimidade de nossos segredos.

Nossa presença é apenas física.

Nossa ausência, conceitual.

O Instante

O amor me escraviza.

A dor também.

Se não sou livre, não é minha culpa.

A culpa é dessa dor

e desse amor.

de Você

Finja que não sabe de nada.

Se esconda.

Fuja.

Te espero no carro.

## O Instante

Um homem livre

não pode ser contido,

não pode ser domado.

Não destrói em nome da fé

ou desconstrói pela força da razão.

Um homem livre não causa a dor.

Apenas mostra a todos

a dor que já estava lá.

de Você

Não sou livre de culpa.

Nem isento de dor.

Luto para conseguir o meu próprio perdão.

O Instante

Mais do que consumar,
eu queria te salvar.
Como você me salvou.

de Você

O que corrompe o homem
é a necessidade de existir.

O Instante

Aceito que o acaso interceda na minha vida.
Mas não posso mais permitir
que a ingenuidade determine meu futuro.

de Você

O absoluto é um escravo da ilusão.

O Instante

Enxergo apenas o indivíduo que há em mim. Não sou capaz de conceber a existência antes da consciência.

de Você

A dor me expõe às minhas mais cruas emoções.

A dor me leva ao encontro daquele que divide este corpo comigo.

A dor é a essência da minha consciência.

O Instante

Sigo procurando por respostas que não existem.

E nessa longa e tortuosa jornada,

vou encontrando os pedaços de quem sou.

de Você

A melhor sensação que existe é ser desejado.
A segunda melhor sensação é ser temido.

O Instante

A angústia é uma forma primitiva de felicidade.

e talvez a forma mais intensa de felicidade.

de Você

Sinto saudade da inocente visão que teus olhos me impõem.

Sinto saudade da intensidade que me consome quando os vejo.

Sinto saudade da possibilidade infantil de ser consumido por eles.

O Instante

É possível esconder a realidade por séculos,
mas não é possível escondê-la para sempre.

de Você

A grande dificuldade está em aceitar o homem como ele é

e não como ele deveria ser.

## O Instante

Parto em busca da justiça.

Em busca da verdade.

Em busca da liberdade.

Em busca da compreensão.

Em busca da existência.

Descubro que a justiça não existe.

Que a verdade não existe.

Que a liberdade não existe.

Que a compreensão não existe.

Como posso existir?

de Você

Eu quero tudo o que pode ser visto de olhos fechados.

O Instante

Minha vida só pode ir até o limite do meu sentimento.

Só posso viver aquilo que sinto.

E quero sentir tudo o que posso.

de Você

Meus anos perdidos foram
aqueles nos quais eu sorri forçado.
Aqueles nos quais eu vivi a mentira.
Aqueles nos quais eu fingi ser feliz.

O Instante

Vejo casas degradadas pelo tempo.

Imagino se seus donos estão degradados também.

de Você

Coleciono olhares por onde passo.

Olhares de medo, de indiferença ou de curiosidade.

Sou capaz de decifrá-los todos.

Menos o seu.

O Instante

- O pai ficaria feliz se você viesse nos visitar no Natal.

- Mas o pai tá morto!

- É verdade, mas tenho certeza que ele gostaria de nos ver juntos.

Pensei comigo que não custaria nada fingir um pouco de felicidade

para agradar papai.

de Você

Olhou pelo microscópio e viu as galáxias.

Percebeu que o todo é apenas uma volta sobre si mesmo.

O Instante

É sempre muito bom poder jogar a culpa nos outros.

de Você

O que está escrito

tem o péssimo hábito de tentar convencer o leitor

que o autor está certo.

O Instante

A quantidade de pessoas necessárias para se
fazer um filme bom

é a mesma quantidade necessária para se
fazer um filme ruim.

de Você

Há aqueles que não dirigem bêbados para não serem punidos.

E há outros, que não se sentem bem em matar alguém.

O Instante

Apesar de concordar que não há necessidade
de se reinventar a roda,

acho extremamente fascinante a ideia de
fazê-lo.

de Você

Você partiu.

Preciso te substituir.

O Instante

"Eu te amo",
porque "Te amo"
é sujeito oculto.

de Você

Em vez de falarmos sobre nós,

falamos sobre a festa.

Em vez de compreender,

rimos dos erros.

Em vez de sentir,

fingimos que somos completos.

O Instante

Talvez sua dor seja intensa demais.
Ou talvez seu medo da dor seja demais.
Talvez você ainda não saiba
que só está vivo quem sente dor.

de Você

Gostaria de desligar o mundo

por um breve momento,

para que os ruídos da minha mente

pudessem viver novamente.

O Instante

Eu permanecia preso.

Indefinido.

O futuro era improvável.

Incerto.

O que eu queria,

eu ainda não sabia.

de Você

Espere.

Não se precipite.

Aguarde.

Enquanto isso, a vida passa.

O Instante

Não, eu não vivo para ser recompensado.

Eu vivo pela esperança de ficar ao seu lado.

de Você

Desnudo a minha dor.

A vergonha.

O erro.

A culpa.

O pecado.

A saudade.

O desejo.

A angústia.

O amor.

E tudo mais que me torna vivo.

O Instante

Enquanto eu te procurava na multidão,

você fugia procurando uma saída.

As palavras corriam soltas pela escada de incêndio.

O fogo que nos consumia era apenas uma paixão.

de Você

A sua inconsciente intenção de me agredir não surtiu efeito.

Fiquei em paz.

E me senti vingado porque percebi o quanto eu te incomodava.

O Instante

Não guardo mágoa.

Guardo a estranha sensação de olhar nos teus olhos

e sentir que algo ficou incompleto.

de Você

Eu não vim para perpetuar os acertos.
Eu vim para experimentar os erros
e ser capaz de me perdoar.

O Instante

Eu sou aquilo que mais odeio.

Aquilo que combato.

Eu sou o oposto do que quero.

Sou meu lado podre inconsciente.

de Você

Procuro incessantemente pela verdade,
mas tenho medo da realidade.
Fico com o vazio de viver uma fantasia.

O Instante

Sou uma lembrança de quem eu era.

Vivo em um momento da memória.

de Você

No avião, os passageiros sentam-se passivos.

Durante um breve momento, todos têm o mesmo destino.

O Instante




Supor que fui o primeiro é pura pretensão.

de Você

Todos somos nus.

Todos gozamos.

Todos sentimos.

Todos vivemos.

Todos morreremos.

O Instante





Não existe consenso sobre a morte.

de Você

A sua razão não é lógica,
mas caótica e imprevisível.
A minha, ao contrário,
faz todo o sentido pra mim.

O Instante

A minha arma para combater os tiranos
é a capacidade de pensar.
(Se ainda me restar alguma)

de Você

Acabei com a razão pela qual eu comecei.

O Instante

Meus heróis dirigem na contramão.
Os idiotas também.

de Você

Assisti na TV a um documentário

sobre pinguins gordos,

preparados para aguentar

o rigoroso inverno antártico.

E logo depois dos comerciais,

um documentário sobre crianças magras,

refugiadas,

abandonadas,

lutando para sobreviver

até a próxima primavera.

O Instante

Te encontrei.

Te desejei.

Te amei.

Queria muito que você soubesse
que este filho é teu.

de Você

Não pense que nos salvaremos da ignorância

se fizermos as coisas certas

pelos motivos errados.

Continuaremos presos,

escravos da nossa incompetência,

sofrendo a dor da culpa

sem saber por quê.

O Instante

Fico me perguntando...
quanto tempo vai durar?
Não importa.
Eu vou esperar.

de Você

Te vi abraçada com outro.

Tua boca secreta

falava coisas que eu não compreendia.

E eu apenas sorria.

Antes de partir,

percebi o teu olhar profundo

e entendi que o que você queria

era o mesmo que eu queria.

## O Instante

O dia passa lento.

Meus projetos engavetam-se,

meu café esfria,

minha cadeira esquenta,

minhas costas doem.

Não tenho mais a esperança do fim.

Espero apenas o dia passar.

de Você

Sonho acordado

com um momento ao seu lado.

Sigo faminto,

incompreendido e

perdido.

Você quer jantar comigo?

O Instante

O infinito é muito perto
e não tem hora pra acabar.

de Você

Na eterna batalha

entre o presente e o futuro,

não há vencedores.

Não há verdades.

Não há lógica.

Não há nobres atos.

Vivo o sofrimento do presente

e a incerteza do futuro.

Sei apenas que não me livrarei

da responsabilidade das minhas escolhas.

O Instante

... só para descobrir

que eu não quero descobrir

o que poderia permanecer oculto.

de Você

Os verdadeiros problemas não têm solução e não precisam de uma.

O Instante

Algumas pessoas atribuíram o meu suicídio às músicas demoníacas que eu costumava escutar.

Mas elas estavam erradas.

de Você

Suas unhas estão pintadas de preto.
Isso te torna perfeita.

O Instante

Suas decisões te definem

e quanto mais as conheço,

menos te quero.

Suas decisões são as nossas diferenças.

de Você

Os arrogantes cairão um a um,
escravizados por suas próprias convicções.

O Instante

É hora de desconstruir o pensamento.

De desafiar os paradigmas.

De fazer tudo ao contrário.

É hora de viver.

de Você

Consolado pelo desejo de permanecer vivo

sem saber direito por que,

caminhava em direção ao mar profundo e infinito.

Pensava nela.

E procurava o que não podia entender.

O Instante

Tão pouco
é o quanto dura o inquebrável.

de Você

Não tenho medo do escuro.

Tenho medo de ficar sozinho no escuro.

O Instante

Se você acha que o inimigo é o outro,
não é.
O inimigo sou eu.

de Você

A poesia não está na palavra.

A música não está no instrumento.

O filme não está na tela.

Estão escondidos na sutileza da dor.

O Instante

Meu sonho não é mudar o mundo.

Só sonho em encontrar alguém que me entenda.

de Você

É assim que se faz.

Mas eu não fiz assim.

Fiz de outro jeito.

Do meu jeito.

E deu errado.

Tive que fazer tudo de novo.

E fiz tudo do meu jeito de novo.

## O Instante

Não é preciso haver

uma razão,

um propósito,

uma origem.

Não é preciso haver

uma explicação,

um sentido,

um padrão.

Não é preciso haver

nada que seja suficiente.

de Você

O segredo é abstrair
até restar apenas o conceito.
Então estaremos falando
sobre o que é realmente importante.

O Instante

Eu queria ter você
pra depois te largar.
Ver tua cara perplexa
e sorrir silenciosamente
da tristeza que ficará.

de Você

O abstrato.

O incompleto.

O essencial.

O ambíguo.

O vazio.

O infinito.

As escolhas.

Eu quero repensar o mundo

através das minhas perspectivas.

Nada mais é tão importante.

O Instante

Numa tentativa inútil de encaixar
a forma amorfa de um delírio
num mundo limitado por contas a pagar,
experimentei drogas pesadas
desejando nunca mais voltar.

de Você

Há algum resto?
O que sobrou depois que você partiu?
Procuro, mas não encontro nada.

O Instante

Assumo o que não posso mais esconder.
Assumo eu.

de Você

Ainda dançamos

contidos,

escondidos,

distantes e

proibidos.

Felizes.

O Instante

Sempre aparece algo novo,

inóspito,

insólito.

Algo que não previ,

incontrolável,

indecifrável.

E tua ausência se faz presente.

de Você

Fujo incansavelmente

do meu imbatível destino,

dos rótulos,

da rotina.

Percebo o mundo à minha volta

passivo,

arrogante,

aguardando o que é seu.

Sinto vontade de chorar.

## O Instante

Te acusei de ser nada,

mas nada sou eu.

Inevitável e incompleto.

Não me transformarei em nada

porque nada já sou.

de Você

Tantas mulheres eu comeria,
mas por quantas eu me apaixonaria?

O Instante

O que sobrará do meu corpo daqui a duzentos anos?

O que sobrará do que amo daqui a duzentos anos?

O que sobrará do que tenho daqui a duzentos anos?

O que sobrará do que penso daqui a duzentos anos?

de Você

Tento explicar o que é,

mas não é.

Tento encontrar algo parecido,

mas não é.

Tento encaixar em algo que já existe,

mas não é.

Não é.

O Instante

As lágrimas não nascem sozinhas no meu
rosto.

Elas têm seus motivos.

E eu tenho os meus.

de Você

Nunca se esqueça dos seus motivos.
Eles não perdoarão seus atos.

## O Instante

Te falo sobre o que fiz,

sobre as ideias que tive,

sobre minhas conquistas.

Você me alerta

sobre as improváveis consequências.

Encerro a conversa.

de Você

Talvez seja útil descrever

o café aguado que acabei de tomar

para que o homem comum não se sinta desconectado.

Afinal, deve ser reconfortante saber

que não sou o único que toma cafés aguados.

Mas e o resto?

## O Instante

Sinto um infeliz desejo de te ver novamente.

Uma saudade que insiste em existir.

Sentir tua presença é uma incógnita esperança

de certeza infinita.

de Você

Rir é fingir e, portanto, inútil pra mim.

## O Instante

O presente mistura-se com o passado.

O passado já não é mais presente.

O futuro desconhecido,

heterogêneo,

isolado,

indefinido.

Como pensei ontem?

Como penso hoje?

Como pensarei amanhã?

Como posso pensar diferente

sem trair o meu pensamento.

de Você

Eles me protegem dos meus vícios
como se eu mesmo não fosse capaz.
Minhas escolhas e meus excessos incomodam.
Não pertenço a este lugar.

## O Instante

Sob a chuva de verão,
num vestido transparente,
queimada de sol e de desejo,
você esfregou suas mãos
no cabo de um guarda-chuva.

de Você

— Te confesso que fiquei triste quando soube das tuas juras de amor eterno praquele babaca.

— Nunca jurei amor eterno... Jurei amor infinito.

O Instante

O barulho é irradiado
para todos os lados.
Meu grito desesperado,
insolente e ausente
tenta te convencer a ficar.
Mas você não me escuta.

de Você

Odeio a inexatidão que existe no mundo.
Por que tudo tem que ser tão impreciso?

O Instante

Queria afastar o mal de mim,
mas percebi que o mal já estava aqui.
Quieto.
Dissimulado.
Mentiroso.
Poderoso.

de Você

Sou descrente.

Não acredito no seu Deus.

Nem no meu.

## O Instante

Por favor, me solte.

Não encoste em mim.

Não me dirija a palavra.

Não me peça ajuda.

Não morra aos meus pés.

Continue vivendo a sua vida miserável

enquanto eu vivo a minha.

de Você

Este é o meu lugar:

no secreto submundo.

Onde se escondem os meus desejos,

os meus medos,

as minhas vergonhas

e tudo que é imperfeito.

## O Instante

Fico calado no meu canto
porque não suporto ouvir a minha voz
ou porque não suporto me ouvir
falar sobre o tempo que passou.

de Você

O que fiz com a minha vida?

Em que ralo a joguei?

Que mentiras eu vivi?

Eu ainda não sei.

O Instante

Deus explica-se através das coincidências
e dos desencontros.
Eu não consigo explicar.
Se Deus não se explicasse,
como seria o acaso
tão generoso e cruel ao mesmo tempo?

de Você

Outro dia encontrei-o no avião.

Coincidentemente, sentei-me no assento logo atrás do dele.

Como não acredito em coincidências, resolvi aproveitar a oportunidade.

Enquanto o avião corria pela pista, soltei meu cinto e agarrei-o pelo pescoço.

Com toda minha força.

Quando o aviso de apertar os cintos se apagou,

ele já estava morto.

O Instante

De súbito veio a enxurrada.

A água escorria pela escadaria

e inundava o salão.

Em breve estaríamos todos submersos.

As outras pessoas gritavam
desesperadamente.

Eu não.

O relógio da parede marcava cinco e meia.

Eu permanecia imóvel,

aguardando você chegar.

de Você

Sou um ser autofágico:

Me alimento dos meus fragmentos

com a intenção de produzir novos pedaços.

O Instante

É hora de partir.
A conta por favor.

de Você

A única coisa que não pode ser apagada
é a memória dos meus arrependimentos.

O Instante

Este não é apenas um livro pelo que está escrito.

É também um livro pelo que não está escrito.

de Você

Meu trabalho não é compreender o presente.

Esse trabalho é seu.

Meu trabalho é desenhar o futuro.

Provocar, questionar, descobrir e procurar novas formas de pensar.

# O Instante

Não há mais certo ou errado.

Não há mais verdadeiro ou falso.

Não há mais sim ou não.

Há uma grande massa cinzenta

que transita entre a dicotomia

e tem sua própria opinião.

de Você

Não fiz tudo isso

pra acabar de meia

na tua cozinha

cantando pagode

e tomando chope.

O Instante

A minha grande dificuldade na vida
não é descobrir quem sou.
É aceitar quem sou.

de Você

O seu grande problema não é sua aparência.
É como você pensa.

O Instante

A humanidade será burra enquanto acreditar
que fazer algo errado pelos motivos certos
é melhor do que fazer algo certo
pelos motivos errados.
A humanidade será burra enquanto acreditar
que ser burra a isenta de ser má.

de Você

As pessoas caminham pela calçada

sem saber as consequências das suas escolhas.

Imaginam apenas como seriam suas vidas

se elas fossem perfeitas.

O Instante

A única coisa que eu preciso
é de tempo para ser quem eu sou.

de Você

Eu havia te prometido
que jamais desistiria de você.
Mas eu menti.
Eu já te esqueci.

O Instante

Vejo um mundo infinito ao meu redor,
mas consigo apenas me concentrar
num pequeno ponto.
Um pequeno ponto infinito.

de Você

Não compreendo por que as pessoas
não se interessam pelo que é.
Elas apenas se interessam pelo que se parece.

O Instante

Quanto mais cavoco meus desejos,
mais me decepciono com eles.

de Você

Sou daqueles que acreditam
que a busca pela felicidade
é uma atividade individual.

O Instante

Não me imagino vivendo num mundo sem drogas.

Mas gostaria de viver num sem religião.

de Você

Alguns me acusam de ser repetitivo.

De falar as mesmas coisas

sobre os mesmos assuntos.

Mas o que é a vida senão uma repetição infinita

até a extinção?

O Instante

Difícil é ter que enfrentar
a dura realidade das minha limitações.
Difícil é saber que não posso controlar
o que achava que podia.
Difícil é permanecer são
em meio às mudanças necessárias.

de Você

Um astronauta partiu
em direção a um novo planeta,
com a esperança de encontrar a salvação
para seu mundo contaminado e condenado.
Mas ele morreu no meio do caminho.

O Instante

Eu queria te levar pra Nova Iorque.
Mas você foi pra Salvador.

de Você

Hoje eu tenho que ser um hipócrita
se quiser estar vivo amanhã de manhã.

O Instante




Para ser melhor não preciso ser o melhor.

de Você

Ao tentar controlar o inevitável
causei o irreparável.

O Instante

Sou um mero sobrevivente do acaso.

Da patética esperança

de haver alguma lógica no acaso.

de Você

A vida é um eterno esperar.
Até quando não espero,
estou esperando.

O Instante

Estes fragmentos de texto
incompletos, ambíguos e incertos
não são tentativas de explicar o mundo.
São tentativas de entendê-lo.